Bibliografische Information der Deutschen Nationalbibliothek:

Die Deutsche Bibliothek verzeichnet diese Publikation in der Deutschen National-
bibliografie; detaillierte bibliografische Daten sind im Internet über http://dnb.d-
nb.de/ abrufbar.

Impressum:

Copyright © 2008 GRIN Verlag, Open Publishing GmbH
Druck und Bindung: Books on Demand GmbH, Norderstedt Germany
ISBN: 9783640487431

Dieses Buch bei GRIN:

http://www.grin.com/de/e-book/138938/der-bigbrotheraward

Thomas Schmidt

Der BigBrotherAward

Die Oskars der Datenkraken

GRIN Verlag

GRIN - Your knowledge has value

Der GRIN Verlag publiziert seit 1998 wissenschaftliche Arbeiten von Studenten, Hochschullehrern und anderen Akademikern als eBook und gedrucktes Buch. Die Verlagswebsite www.grin.com ist die ideale Plattform zur Veröffentlichung von Hausarbeiten, Abschlussarbeiten, wissenschaftlichen Aufsätzen, Dissertationen und Fachbüchern.

Besuchen Sie uns im Internet:

http://www.grin.com/

http://www.facebook.com/grincom

http://www.twitter.com/grin_com

Hausarbeit

Der BigBrotherAward

Die Oskars der Datenkraken

Datenschutz und Datensicherheit
Studiengang Wirtschaftsinformatik

Thomas Schmidt

Dezember 2008
Brandenburg University of Applied Sciences

Inhaltsverzeichnis

Abbildungsverzeichnis

Tabellenverzeichnis

1 Einleitung

Die richtigen Oskars gehen an die besten ihrer Branche, an Newcomer sowie die Visionäre. Was hat es in diesem Zusammenhang mit *Datenkraken* und *Big Brother* auf sich?

Der Begriff *Big Brother* wurde maßgeblich durch George Orwell geprägt, der in seinem 1949 erschienenen Roman *"Nineteen Eighty Four"* eine für ihn gar nicht so ferne Zukunft beschreibt[1]. In dieser Zukunft geht es um die Mechanismen eines totalitären Staates, der alles daran setzt seine Herrschaft stabil zu halten, in dem er durch Informationstechnik alles zu kontrollieren versucht. Orwell zeichnet mit seinem *großen Bruder* ein unsichtbares Gebilde, welches die individuelle persönliche Entfaltung einschränkt und ein einheitliches Weltbild formt.

Für Orwell stellt die *individuelle Freiheit* das höchste Gut dar[2]. In Orwells Roman wurde die totale Kontrolle durch die Macht über Informationen realisiert. Daher ist eines unserer größten Errungenschaften seit Orwells Zeiten: *Das Recht auf Informationelle Selbstbestimmung*. Dieses Recht wurde passender Weise 1983, ein Jahr vor der Zeit, in der Orwells fiktiver Roman spielt, aus dem Grundgesetz abgeleitet[3].

Aber die Zeit ist viel komplizierter geworden, als sich Orwell es hätte vorstellen können. In der Volkswirtschaft spricht man im Bereich der Unternehmenstheorie von der *Gewinnmaximierung* als zentraler These. Will das Unternehmen auf lange Sicht wettbewerbsfähig bleiben, müssen alle Ziele der Gewinnmaximierung dienlich sein[4].

Diesem Umstand geschuldet, stellt heute jedes größere Unternehmen eine potentielle Datenkrake dar, die durch Gewinnmaximierung getrieben, versucht, so viele Daten wie möglich zu erlangen. Hier wird die *individuelle Freiheit* auf einer neuen Ebene in Gefahr gebracht. Denn nur wenn das Unternehmen so viele Informationen wie möglich hat, kann es die bestmögliche Entscheidung treffen und damit gegenüber der Konkurrenz im Vorteil sein.

Da sich aus diesem Umstand, gekoppelt mit den technischen Möglichkeiten unserer Zeit, zwangsläufig Situationen entwickeln, die den Datenschutz in Bedrängnis bringen und eine Welt begünstigen, in der sich das Individuum nicht mehr frei entfalten kann, gibt es die Big Brother Awards - Demokratie auf höchster Ebene[5].

"Es ist nicht mehr so sehr der Orwell'sche 'Big Brother'-Staat, der die Bürger ängstigt, sondern der unüberschaubare Datenaustausch durch den Adresshandel."[6]

---

1 (Vgl.: ORWELL 1949, /George Orwell:Nineteen Eighty-Four, Harcourt, Brace & Co., New York, 1949/)
2 (Vgl.: WEICHERT 2004, /Dr. Thilo Weichert:Technik, Terror, Transparenz - Stimmen Orwells Visionen?,Unabhängiges Landeszentrum für Datenschutz,2004/)
3 Dieses Recht wurde aus Art.2 Abs.1 i.V.m. Art.1 Abs1 GG abgeleitet und war ein Resultat aus dem Verfahren gegen die geplante Volkszählung(Vgl.: S.31f BUCHNER 2006, /Benedikt Buchner:Informationelle Selbstbestimmung im Privatrecht, Mohr Siebeck,2006/).
4 (Vgl.: S.60 HANSJÖRG und HEINE 1999, /Michael Heine & Hansjörg Herr:Volkswirtschaftslehre, Oldenbourg R.,1999/)
5 (Vgl.: S.9 TANGENS und PADELUUN 2006, /Rena Tangens & padeluun:Schwarzbuch Datenschutz,Lutz Schulenburg,2006/)
6 (BUCHNER 2006, S.70f)

2 Die Problemstellung unserer Zeit

Unsere Zeit ist geprägt von einer Welt im Wandel, die wenig Beständigkeit zu liefern scheint. Man hat das Gefühl, dass sich alles um einen herum beschleunigt und man selber nicht immer hinterherkommt, um alles unter Kontrolle zu behalten. Laut einem Ar-

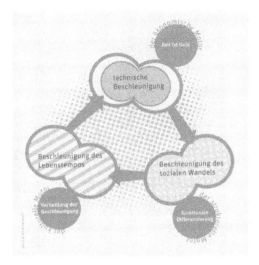

Abbildung 2.1: Die Beschleunigsspirale von Hartmut Rosa
Urheber des Bildes: (S.85 ROSA *2008, /Hartmut Rosa:Im Wirbel der Beschleunigungsspirale,Spektrum der Wissenschaft,2008/)*

tikel von Hartmut Rosa treibt diese Beschleunigung sich selber an und wir sind in einer Beschleunigsspirale gefangen *(Siehe Abbildung: Abb.2.1 Seite 2)*. Er ist der Meinung, dass unsere derzeitigen politischen Einrichtungen in keinster Weise auf diesen Wandel vorbereitet sind[1]. Wenn man sich die technische Beschleunigung anschaut und im speziellen das Wachstum des Internets vom Anfang der Neunziger bis in unsere Zeit betrachtet, dann kann man diese Beschleunigung im Verlauf des Graphen gut erkennen *(Siehe Abbildung: Abb.A.1 im Anhang auf Seite XI)*. Wir befinden uns daher an einem kritischen Punkt in unserer gesellschaftlichen Entwicklung. Es besteht ein immer größerer Zugang zu immer mehr Informationen und uns nachfolgende Generationen nutzen mit wachsender Zahl die Möglichkeit, sich aktiv im Internet zu bewegen, anstatt sich passiv vom Fernsehprogramm unterhalten zu lassen *(Siehe Abbildung: Abb.A.2 im Anhang auf Seite XI)*.
Dies sind Vorgänge und Entwicklungen, die einerseits mit Synergien des unternehmerischen Handeln einhergehen[2], andererseits aber auch den Staat in eine prekäre Situation bringen. Die Grundrechte sollen das einzelne Individuum vor den Zugriffen des

---

1   (ROSA 2008, Vgl.: S.82ff)
2   Dem Bestreben von Unternehmen an immer mehr und aussagekräftigeren Informationen über die mögliche Zielgruppe zu kommen - Siehe Einleitung: Gewinnmaximierung

Staates schützen. Sie sind die Grundbausteine einer jeden modernen freiheitlich orientierten Gesellschaft, aber werden vom Staat auch beim Vergehen gegen rechtsstaatliche Grundsätze eingeschränkt[3].

Der Grad dieser Einschränkung ist von der *Verhältnismäßigkeit* der Aufgabe abhängig, die der Staat erfüllen will. Die Aufgaben des Staates sind vielschichtig und gelten unter der Annahme, dass nur der Staat diese auf lange Sicht ordentlich erfüllen kann, um im Inneren für Sicherheit, Frieden und Rechtsgüterschutz zu sorgen[4] | [5].

Niemand hätte sich beim einstigen Ausarbeiten des Grundgesetzes die Möglichkeiten der heutigen modernen Informationsgesellschaft vorstellen können. Wir haben durch die, gerade in der Informationstechnik rasante Entwicklung, heute viele unterschiedliche Problemfelder, mit denen sich Politiker, Richter und andere Staatsdiener befassen müssen, von denen sie im Einzelfall aber keinerlei Sachkenntnis oder zu wenig Einarbeitungszeit haben.

"Für die Prüfung eines Durchsuchungsbeschlusses bleibt ihnen nämlich nur wenig Zeit. So eine Studie im Auftrag des Bundesjustizministeriums. In Baden-Württemberg zum Beispiel hat ein Richter für einen Hausdurchsuchungsbeschluss gerade mal 36 Minuten Zeit, in Bayern sind es sogar nur dürftige 2 Minuten."[6]

Hierdurch kommt oft keine genaue Betrachtung der jeweiligen Sachlage mehr zustande und viele Fälle werden pauschalisiert. Auch herrscht heute eine Situation, in der der Aufwand einem Antrag einfach zuzustimmen geringer ist, als sich die Sachlage wirklich zu durchdenken und ein begründetes Urteil zu verfassen.

"Wenn man alles hinterfragt, bei allem Respekt vor der Tragweite eines solchen Eingriffs, bekommt man bei dem Pensum, was die Amtsrichter haben, dieses Pensum nicht erledigt."[7]

Hinzu kommt die scheinbar zunehmende Bedrohung durch den Terrorismus. Hier kann wohl der 11.September 2001 als deutlichster Ausgangspunkt für die global verstärkten Terrorismusbekämfungen, gesehen werden. An diesem Tag wurde die Welt, durch die Anschläge auf die USA und im speziellen das World Trade Center, in ihren Grundfesten erschüttert und wir erleben seit dem eine Welle der Terrorismusbekämpfung, die in unser tägliches Leben Einzug gehalten hat[8]. Der Staat versucht nun zunehmend, seine Unfähigkeit mit dem technischen Wandel und der Bedrohung durch den Terrorismus umzugehen, durch mehr Kontrolle entgegenzutreten.

Diese Kontrolle kann man in Bestrebungen zur Vorratsdatenspeicherung, der Personenkennziffer, dem ePass, dem Bundestrojaner, der Anti-Terror-Datei, den Entwürfen zum

---

3 (Vgl.: S.21ff JASCHKE 2002, /Hans-Gerd Jaschke:Öffentliche Sicherheit im Kulturkonflikt,Campus Verlag,2002/)

4 (Vgl.: S.3 MÖSTL 2002, /Markus Möstl:Die staatliche Garantie für die öffentliche Sicherheit und Ordnung,Mohr Siebeck Gmbh & Co. K,2002/)

5 (Vgl.: S.124f BENZ 2001, /Arthur Benz:Der moderne Staat. Grundlagen der politologischen Analyse,Oldenburg,2001/)

6 (S.3 PANORAMA 2008, /PANORAMA Nr. 693:Sinnlose Hausdurchsuchungen - Die Schnellschüsse der Justiz,daserste,2008/)

7 (S.3 PANORAMA 2008, /Dietrich Lüttgens,Amtsgericht Herne/)

8 (Vgl.: S.73 SCHOLTZ und TRAPPE 2003, /Wenn die Ausnahme zur Regel wird - Staatliche Reaktionen auf den Terrorismus im Spannungsfeld von Sicherheit und Freiheit,Berthold Meyer,Königshausen & Neumann,2003/)

BKA-Ermächtigungsgesetz und dem Vorantreiben des besseren Datenaustausches zwischen Behörden sehen[9]. Es wird zunehmend versucht, *Kontrolle* durch das Bedürfnis nach Sicherheit aufzubauen. *Bei diesem Vorgang steht besonders die Sicherheit des einzelnen Individuums gegenüber der sozialen Sicherheit im Vordergrund*[10] | [11].

Angst ist in uns und wird nach Freud schon durch die Geburt ausgelöst. Die Gewissheit, dass der Tod unvermeidlich ist, wird zunehmend verdrängt und wenn jemand gestorben ist, dann wird dies erklärt - er war zu dick, er hat geraucht, getrunken, war drogensüchtig oder krank[12]. Durch den Terrorismus rückt diese Angst vor dem Tod nun sehr nahe, gerade in unmittelbarer Zeit nach dem Terroranschlag geht man mit einem mulmigen Gefühl im Magen an öffentliche Plätze. Es ist die Eigenschaft von solchen Anschlägen, dass Sie einfach nur viele Menschen töten wollen, egal welche. Diese Anschläge fokussieren sich oft auf Plätze öffentlichen Interesses und können prinzipiell jeden treffen.

Nach Jonas Wetzel folgt daraus die Flucht ins Autoritäre, wir verfallen einer uns im inneren ersehnten Obhut, die uns in Sicherheit wiegt und opfern dadurch unsere Freiheit[13] - *Angstvermeidung*.

Dies ist *EINE* Tendenz in den letzten Jahren, die den Großen Bruder charakterisieren und immer ein wenig mehr an *Orwellsche Ideen* erinnern. Hierbei ist wohl als wichtigste Schlussfolgerung zu ziehen, dass es niemals lohnt, die Freiheit für die Sicherheit aufzugeben *(Siehe Abbildung: Abb.A.3 und Abb.A.4 im Anhang auf Seite XII)*.

"Jene, die grundlegende Freiheit aufgeben würden, um eine geringe vorübergehende Sicherheit zu erwerben, verdienen weder Freiheit noch Sicherheit."[14]

Man kann die Absichten der Politiker, die solche Bestrebungen initiieren, nicht einfach mit Bösartigkeit erklären, sondern vielmehr mit fehlender Weitsicht. Sie verstehen nicht, dass sie hier eine Infrastruktur erschaffen, die in ihren Augen vielleicht mehr Sicherheit bietet, aber die gleiche Infrastruktur ist, die ein totalitärer Staat für die totale Kontrolle missbrauchen kann[15]. Hierbei ist aber der Freiheit des Individuums ein höherer Wert zuzuschreiben, als einer scheinbaren vorübergehenden Sicherheit.

Ein gutes Beispiel für fehlende Weitsicht ist unser jetziger Innenminister und seine Bestrebungen zum BKA-Ermächtigungsgesetz. Dieses BKA-Ermächtigungsgesetz scheint im Bundesrat zu scheitern, weil sich viele Abgeordnete ihrer Stimme enthalten wollen[16]. Eine enthaltene Stimme zählt im Moment noch als ein Nein, aber aufgrund des nahe stehenden Scheiterns, will Herr Schäuble die Abstimmungsregeln geändert haben. Frei nach dem Motto "was nicht passt, wird passend gemacht"[17].

---

9   Es sind noch weitaus mehr Punkte passiert und in Planung (SCHOLTZ und TRAPPE 2003, Vgl.: S.77)
10 (SCHOLTZ und TRAPPE 2003, Vgl.: S.81)
11 (Vgl.: S.161 SINGELNSTEIN und STOLLE 2007, /Tobias Singelnstein / Peer Stolle: Die Sicherheitsgesellschaft: Soziale Kontrolle im 21. Jahrhundert,Vs Verlag,2007/)
12 (Vgl.: S.69 WETZEL 2007, /Jonas Wetzel:Angst und Gesellschaft. Ursachen, Erscheinungsformen und Verhalten,GRIN Verlag,2007/)
13 (WETZEL 2007, Vgl.: S.91f)
14 (FOUNDATION 2008, /Benjamin Franklin/)
15 (Vgl.: S. 12 GAYCKEN 2008, /Sandro Gaycken:Warum eigentlich nicht?,Die Datenschleuder,2008/)
16 Warum sie sich ihrer Stimme enthalten, wird hierbei von Herrn Schäuble nicht tiefer hinterfragt. Eine Enthaltung bedeutet auch immer eine Ungewissheit. Politiker sind auch nur Menschen und können daher nicht immer die Tragweite dieser Entscheidungen überschauen. Daher sollte debattiert werden, warum so viele Abgeordnete Unsicherheit mit Eingriffen in die Exekutive haben, und nicht Versuche unternommen werden, die gesetzliche Lage zu verändern, um das Gesetz trotzdem zu etablieren.
17 (Vgl.: ZEITUNG 2008, /Süddeutsche Zeitung GmbH:Was nicht passt, wird passend gemacht,2008/)

"Erkläre nichts mit Bosheit, was sich nicht auch mit Dummheit erklären lässt"[18]

Dies sind alarmierende Entwicklungen, die eine genauere Untersuchung zur Folge haben sollten. Es ist nicht wichtig unbedingt die besten Politiker für jeden Posten zu haben, aber es ist wichtig die Rahmenbedingungen so zu schaffen, dass schlechte Politiker so wenig Schaden wie möglich anrichten.

Auch sitzen heute viele Politiker während und nach ihrer Karriere in Aufsichtsräten von großen Unternehmen, so dass sich die Interessen von Wirtschaft und Politik nicht mehr unbedingt auseinander halten lassen. Und das Primärziel der Unternehmen ist die Gewinnmaximierung[19].

Hier haben wir nicht nur einen *großen Bruder*, sondern auch viele kleine Brüder, die versuchen, ihre Mitarbeiter zu überwachen oder alles über die potenziellen Kunden zu erfahren. Diese Bestrebungen, gepaart mit den technischen Chancen unserer Zeit, schaffen riesige zum Teil zentralisierte Datenbanken. Hier nehmen ERP - Enterprise Resource Planning - Systeme eine zentrale Rolle ein, denn ab einer bestimmten Größe müssen Unternehmen auf diese Standardsoftware setzen, um konkurrenzfähig zu bleiben[20].

Ein spezieller Teil dieser ERP-Systeme sind Data Warehouse Lösungen, mit welchen dedizierte Datenbanksysteme entstehen, die speziell zum Zwecke von Data-Mining Prozeduren gedacht sind, um möglichst detaillierte Kundenprofile zu erstellen[21] | [22]. Hier können aus Informationen, die für sich vielleicht belanglos erscheinen, Personenprofile erstellt und damit Gewohnheiten, sowie bspw. sexuelle Präferenzen zugeordnet werden[23].

In den Unternehmen nennt sich das *Customer Profiling*, die Optimierung des Vertriebs. Alle Informationen des Kunden werden zusammenhängend in einem System[24] gespeichert und bleiben hier auch weit über das Ende der Geschäftsbeziehungen vorhanden. Zum Erreichen dieser Ziele wird leider viel zu häufig keine Rücksicht auf den Datenschutz und die Grenzen der persönlichen Souveränität genommen. Die Wirtschaft tendiert mehr denn je zu uferlosem Datensammeln, gerade weil es heute durch die eingangs vorgestellten Entwicklungen so einfach geworden ist, große Datenmengen anzulegen und auch gezielt auszuwerten.

Aber wir als Gesellschaft sind uns diesem Wandel noch gar nicht so sehr bewusst geworden. Die Problematik des Adressenhandels existiert schon lange, aber in der Öffentlichkeit für Aufregung sorgte sie erst dieses Jahr mit dem Datenhandel-Skandal der CallCenter[25].

Heute gibt es keine belanglosen Informationen mehr, jede Information ist wichtig.

---

18 (11 Minute KONTROVERS 2006, /Stadtgespräch Kontrovers vom 7.12.08:Vorratsdatenspeicherung im Fernsehen/)
19 siehe Einleitung - Gewinnmaximierung
20 (Vgl.: S.111 FLEISCH 2001, /Elgar Fleisch:Das Netzwerkunternehmen,Springer,2001/)
21 (Vgl.: S.496 KEMPER und EICKLER 2006, /Alfons Kemper & Andre Eickler:Datenbanksysteme:Eine Einführung,Oldenbourg,2006/)
22 (Vgl.: S.31ff FÜR DATENSCHUTZ SCHLESWIG-HOLSTEIN 2007, /Unabhängiges Landeszentrum für Datenschutz Schleswig-Holstein:Erhöhung des Datenschutzniveaus zugunsten der Verbraucher,2006/)
23 (GAYCKEN 2008, Vgl.: S. 9)
24 sogenannten CRM - Customer Relationship Management - Systeme(HENRIETTE HIEBIG 2000, Vgl.: S. 27ff) - Heute fester Bestandteil von ERP-Systemen
25 (Vgl.: RADEMAKER 2008, /Maike Rademaker:Grüne fordern Datenschutz in Verfassung,2008/)

3 Der BigBrotherAward

3.1 Die Initiatoren

Man kann die BigBrotherAwards nicht in nationalen Grenzen sehen, sondern vielmehr als ein internationales Projekt, das die Wahrung der Menschenwürde auf seine Fahnen geschrieben hat. Ihren Ursprung haben die BigBrotherAwards in England, wo Sie von Simon Davies ins Leben gerufen wurden.

Er ist Präsident von *Privacy International*, einer in London ansässigen Menschenrechtsorganisation, die sich stark für die Bewahrung der Privatsphäre einsetzt. Durch Privacy International wird in Zusammenarbeit mit dem Electronic Privacy Information Center passenderweise jährlich ein Index herausgegeben, der die Privatsphäre illustriert, die dem Bürger durch seine Nation gewährt wird *(Siehe Abbildung: Abb.A.5 im Anhang auf Seite XIII & Abb.A.6 im Anhang auf Seite XIV)*[1].

Die erste Verleihung wurde 1998 in Großbritannien abgehalten und über die USA und Österreich fanden die BigBrotherAwards in kurzer Zeit ihren Weg nach Deutschland. Mittlerweile wird er von 20 Ländern veranstaltet, unter anderem sind noch Australien, die Schweiz, Frankreich, Ungarn, Dänemark, die Niederlande, Spanien oder auch Neu Seeland vertreten und noch viele mehr[2]. In Deutschland wird der BigBrotherAward vom FoeBuD e.V. ausgerichtet. Er wurde das erste mal im Jahr 2000 zelebriert.

Abbildung 3.1: Die deutsche BigBrotherAward Preis-Skulptur
Urheber des Bildes: (FOEBUD 2008a)

FoeBuD steht für *"Verein zur Förderung des öffentlich bewegten und unbewegten Datenverkehrs"* und stellt eine Parodie auf die deutsche Post dar, welche damals noch die Zuständigkeit für die Telekommunikation hatte. Dort gab es furchtbar bürokratische Bezeichnungen, wie zum Beispiel *FeTAp mit GebAnz*, was so viel wie *"Fernsprechtischapparat mit Gebührenanzeiger"* heißen soll. Die deutsche Post ist nicht erst heute im Fokus von Datenschutzvereinen[3], sondern veranlasste schon damals, wegen ihrer teilweisen Kriminalisierung der freien Kommunikation, Vereine wie den FoeBuD zu verschiedensten Aktionen[4] *(Siehe Abbildung: Abb.3.3 Seite 7)*. Der FoeBuD wurde 1987 von den Künstlern Rena Tangens und padeluun gegründet und setzt sich seit dem für Datenschutz, freie Kommunikation und ein lebenswertes Leben in unserer heutigen digitalen Welt ein[5].

---

1 Zum besseren Verständnis, des im vorangegangenen Kapitel thematisierten Wandels, wurde im Anhang die Privacy Map von 2006 und 2007 dargestellt. Hier kann man den, sich besonders in Deutschland abzeichnenden, negativen Trend sehr gut sehen
2 (TANGENS und PADELUUN 2006, Vgl. S.12)
3 hat schon 2 mal den BigBrotherAward gewonnen *(Siehe im Anhang Punkt:B SeiteXV)*
4 (PADELUUN 2004, /Rena Tangens und padeluun: Informationen sind schnell - Wahrheit braucht Zeit/)
5 (TANGENS und PADELUUN 2006, Vgl.: S.177)

Er stellt einen Zusammenschluss von politisch und technisch interessierten Menschen dar und wird auch als *Club der freundlichen Genies* bezeichnet. Diesen Beinamen hat er, da seine Mitglieder gefragte Experten und Koryphäen auf ihren Gebieten sind. Bei ernsten und wichtigen Fragen zum Thema Datenschutz sind sie begehrt vom Bundesministerium, der EU-Kommission und bekommen Anfragen von zahlreichen Kongressen.

Der FoeBuD ist unabhängig in all seinem Handeln und war seit seiner Gründung Initiator zahlreicher wegweisender Projekte und spektakulärer Aktionen, die vor allem die Förderung der freien Kommunikation und die Sensibilisierung der Öffentlichkeit zum Thema Datenschutz als Ziel hatten. Wie aktuell den Arbeitskreis *Stoppt die Vorratsdatenspeicherung*[6], die *Stop-RFID-Kampagne*[7] oder die erfolgreiche Verfassungsbeschwerde gegen die Online-Durchsuchung[8].

Abbildung 3.2: Logo: FoeBuD e.V.
Urheber des Bildes: http://foebud.org

Abbildung 3.3: Pesthörnchen - Das heimliche Logo des CCC (PADELUUN 2004, /FoeBuD/)
Urheber des Bildes: http://www.padeluun.de

Erst dieses Jahr wurde der FoeBuD mit der Theodor-Heuss-Medaille gewürdigt, die er für sein außergewöhnliches Engagement im Einsatz zur Bewahrung der Bürgerrechte erhielt[9].

Aber nicht nur in Deutschland, auch überall sonst in der Welt wird der BigBrotherAward sehr durch einen sozialen Gedanken seitens seiner Initiatoren gekennzeichnet, meist basiert seine Ausrichtung auf durchweg ehrenamtlicher Arbeit und wird zu einem großen Teil durch Spenden finanziert [10] | [11] | [12].

3.2 Der Gedanke dahinter

Bei den Preisträgern wirkt der BigBrotherAward in erster Linie als Negativpreis, aber dies ist nicht der zentrale Gedanke hinter dem Projekt. *Dieses soll primär den öffentlichen Diskurs anregen und die Menschen für dieses Thema sensibilisieren*, es geht um Aufmerksamkeit, Verbraucher- und vor allem *Datenschutz*.

Aber es geht beim Datenschutz im allgemeinen nicht einfach um Daten, sondern um Persönlichkeitsrechte. Es werden bei den BigBrotherAwards präventiv auf mögliche gefährliche Strukturen eingegangen, auf drohende Gefahren hingewiesen, auf vergangene Untaten aufmerksam gemacht und bestehende Missstände kritisiert. Hierbei setzen sie sich vor allem für die freie Entfaltung der Persönlichkeit ein und fördern das öffentliche Interesse für gefährliche Entwicklungen in Wirtschaft & Politik. Hier geht es eben nicht

6 http://www.vorratsdatenspeicherung.de
7 http://www.foebud.org/rfid
8 http://www.foebud.org/datenschutz-buergerrechte/urteil-online-durchsuchung
9 Der Theodor-Heuss-Preis wird seit 1965 jedes Jahr an herausragende Bürgerinitiativen und Leute mit Zivilcourage vergeben.
10 (Vgl.: FoeBuD 2008a, /FoeBuD e.V.:Die Oscars für Datenkrakenn/)
11 (Vgl.: QUINTESSENZ 2008, /Big Brother Awards Austria 2008 - Datenschutz ist Menschenrecht/)
12 (Vgl.: INTERNATIONAL 2008, /Big Brother Awards International - watching the watchmen worldwide/)

einfach nur um einen Negativpreis, sondern um die Grenzen der persönlichen Souveränität[13].

Abbildung 3.4: Die Englische BigBrotherAward Preis-Skulptur
Urheber des Bildes:
*(*INTERNATIONAL *2008,*
/bigbrotherawards.org/)

Der BigBrotherAward soll die Nominierten aufschrecken und ihnen zeigen, dass sie nicht alles machen können, was sie wollen. Es gilt die Devise: nicht alles was technisch möglich ist, ist auch erlaubt. Nicht nur im gesetzlichen Rahmen der jeweiligen Nation, sondern auch im Sinne der Menschlichkeit. Ein Beispiel hierfür ist BigBrotherAward für den Rat der Europäischen Union in Brüssel, der 2008 in der Kategorie *"Europa / EU"* für die nach dem 11. September 2001 eingeführte Terrorliste vergeben wurde. Diese Liste nimmt den Menschen, die auf ihr landen, sämtliche Menschenrechte und stellt ein *ziviles Todesurteil* dar.

Es gibt keine unabhängige Instanz, die die einzelnen Fälle aufgrund von gesicherten Beweisen untersucht und es gibt bisweilen kaum eine Möglichkeit von der Liste gesrichen zu werden. Die Regierungsvertreter von EU und UNO, welche auf zuraten der USA - Personen auf diese Liste setzen, wissen zumeist selber nicht, warum diese Personen auf die Liste kommen[14].

"Überdies stünden auf den Schwarzen Listen auch unbescholtene Bürger. Für eine Privatperson, die nur aufgrund 'vager Verdachtsmomente' in das Visier des US-amerikanischen Geheimdienstes CIA geraten sei, bedeute ein solcher Eintrag eine 'zivile Todesstrafe' "[15]

Die Awards wollen auch andere Individuen abhalten, gleiche Wege einzuschlagen und die Politik auf Handlungsbedarf hinweisen. Sie wollen den Bürger zu mehr Selbstverantwortung erziehen und ihm die veränderte Bedeutung von privaten Daten aufzeigen[16]. Viele Themen sind erst durch den BigBrotherAward in die Presse gekommen und wurden vorher in der Öffentlichkeit in einer anderen Weise wahrgenommen.

Unternehmen machen selten etwas zum Selbstzweck, um so größer ein Unternehmen wird, um so mehr sind seine Bestrebungen der Gewinnmaximierung untergeordnet. Die Gesellschaft vertraut noch viel zu sehr darauf, dass ein Unternehmen nur gute Absichten hat. Hier ist eines der besten Beispiele die PayBack-Karte, erst durch die BigBrotherAwards ist der Gedanke in das Bewusstsein der Menschen getreten, dass die Unternehmung die hinter der PayBack-Karte steckt, dieses so positiv verkaufte Konzept nur nutzt, um Personen Profile über die Nutzer der PayBack-Karten zu erstellen.

Es hat viele Menschen erschrocken zu erfahren, dass sie für 0,5% Rabatt ihren gesamten Einkaufzettel, angereichert mit allerlei persönlicher Daten, an Unternehmen verkaufen, damit diese personalisierte direkte Werbung schalten können *(Siehe Punkt:3.5.3 Seite14).*

---

13 (TANGENS und PADELUUN 2006, Vgl. S.11ff)
14 (FOEBUD 2008a, Vgl.: Die BigBrotherAwards 2008)
15 (Europarat-Berichterstatter Dick Marty FERNSEHEN 2007, /Zweites Deutsches Fernsehen: Europarat: Terror-Liste verletzt Menschenrechte/)
16 (TANGENS und PADELUUN 2006, Vgl.: S.161ff)

Hier wird deutlich, dass man sich mit Informationen am besten vor den Auswüchsen unseres heutigen Informationszeitalters und der damit verbundenen Ausnutzung der Technologie schützen kann.

Abbildung 3.5: Teil der deutschen Preis-Skulptur
Urheber des Bildes: (FOEBUD 2008a)

Schaut man sich nur einmal die Beispiele in dieser Arbeit an *(Siehe Punkt:3.5 Seite13)* und nimmt noch die Tatsache, dass die Jury jedes Jahr mehr Einsendungen erhält[17], kann man zu dem Gedanken kommen, dass solches Handeln zum Normalfall geworden ist. Das der Mensch auf der einen Seite von Unternehmen nur noch als Marketingobjekt und als Kostenfaktor und auf der anderen Seite vom Staat nur noch als Manövriermasse, potentieller Straftäter oder Terrorverdächtiger gesehen wird. Die Initiatoren der BigBrotherAwards sagen selber, dass man das Gefühl hat, dass die Awards mit jedem Jahr notwendiger werden. Aber diese Entwicklungen sind noch nicht festgeschrieben, wir können selbst als Gesellschaft entscheiden, ob wir diesen Weg gehen wollen, oder nicht. Aber um diese Entscheidung treffen zu können, braucht man alle nötigen Informationen und hierbei ist der BigBrotherAward eine gute Quelle. Er ist seiner Zeit oft weit voraus und zeigt schon früh auf, in welche düstere Richtung manche neue Technologie führt. Hier wird aber nicht nur alles schlecht geredet und eine Welt aufgezeigt in der wir nichts ändern können, sondern es werden Alternativen angeboten[18] und aktiv durch die Ausrichtung der BigBrotherAwards gehandelt[19] | [20] | [21].

3.3 Organisatorisches

Die BigBrotherAwards sind eine öffentliche Veranstaltung an der jeder, der Lust und Interesse hat, teilhaben kann. Verliehen wird der Preis jedes Jahr Ende Oktober im stets "rappelvollen" historischen Saal der Ravensberger Spinnerei in Bielefeld.
Geboten wird eine spitzen Gala mit Live-Musik und Kabaretteinlagen[22]. Die BigBrotherAwards haben viele Unterstützer und deshalb sind die deutschen Awards auch eine gemeinsame Veranstaltung von Bürgerrechts-, Netz- und Datenschutzorganisationen wie dem CCC[23], der deutschen Vereinigung für Datenschutz e.V.[24], dem Förderverein Informationstechnik und Gesellschaft e.V.[25], dem Forum InformatikerInnen für Frieden und gesellschaftliche Verantwortung e.V.[26], der humanistischen Union e.V.[27] und der interna-

---

17 Diese nehmen schon einen Umfang von 6 Bänden ein, welches einem Gewicht von mehr als 4 Kilo entspricht (TANGENS und PADELUUN 2006, Vgl.: S.14)
18 wie z.B. datenschutzfreundliche Technologien *(Siehe Punkt:3.4 Seite11)*
19 (TANGENS und PADELUUN 2006, Vgl.: S.10f)
20 (FOEBUD 2008a)
21 (Vgl.: GRETE 2008, /Patrick Grete: Big Brother kommt an/)
22 (TANGENS und PADELUUN 2006, Vgl.: S.14)
23 Chaos Computer Club e.V. http://www.ccc.de/
24 http://www.datenschutzverein.de/
25 http://www.fitug.de/
26 http://www.fiff.de/
27 http://www.humanistische-union.de/

tionalen Liga für Menschenrechte [28] | [29].

Aus diesen wird auch die Jury gebildet, welche die Einsendungen begutachtet und in gemeinsamen Treffen die Preisträger bestimmt. Diese Entscheidungen werden aufgrund von verschiedenen Kriterien getroffen, wobei es stets wichtig ist, dass die Fälle aktuell oder zukunftsweisend sind[30] und das Thema auch durch die Nominierung vermittelbar. Der dargebotene Sachverhalt sollte gravierend sein und eine unbekannte oder nicht beachtete Tatsache öffentlich machen. Es ist natürlich am besten, wenn durch die Nominierung auch etwas an der Situation verändert werden kann[31].

Wenn Ende Juli der Einsendeschluss erreicht ist, wird das Material, welches das ganze Jahr über einging, überprüft, die Quellen verifiziert und Hintergrundinformationen zu den Sachverhalten recherchiert. Diese Informationen werden zu einem Reader komprimiert und der Jury übermittelt. Nachdem die Jury sich durch den Reader gearbeitet hat, wird gemeinsam über die Gewinner beraten. Diese werden im Konsens aller Jurymitglieder bestimmt und sind in den meisten Fällen auch für die Jury überraschend, da sich beim Treffen oftmals neue Aspekte und Zusammenhänge aus den jeweiligen Recherchen ergeben. Danach setzt sich jedes Jurymitglied mit seinem Kandidaten, über den es eine Laudatio halten wird, auseinander.

Abbildung 3.6: Die österreichische Big-BrotherAward Preis-Skulptur
*Urheber des Bildes: (*QUINTESSENZ *2008, /bigbrotherawards.at/)*

Diese Laudatio ist als eines der wichtigsten Aspekte der Awards zu sehen, sie besticht durchweg mit einer gut recherchierten Beurteilung der Sachlage und Begründung der Nominierung[32]. Hierbei wird eine gut formulierte Ironie allein durch die Nennung der Fakten erreicht. Diese Laudatio ist zumeist ein Kabarettstück, in dem der Sachverhalt und die Problemstellung reflektiert werden. Diese Kabaretteinlagen kann man als Pflichtverteidigung sehen, wenn kein Repräsentant der ausgezeichneten Datenkrake erscheint[33].

Es werden natürlich auch Einladungen an die Gewinner geschickt und ihnen immer die Möglichkeit gegeben, selber bei der Verleihung zu erscheinen und sich entweder zu rechtfertigen oder ihre Sicht der Dinge mitzuteilen. Hierbei wird eine Einladung an den Konzernvorstand oder Behördenchef, den Datenschutzbeauftragten sowie an die Presseabteilung geschickt[34].

---

28 http://www.ilmr.de/
29 (Vgl.: S.8 CONTRASTE 2008, /Monatszeitung für Selbstorganisation: Datenkraken auf der Lauer/)
30 Ausnahme besteht hier beim Preis für das Lebenswerk
31 (TANGENS und PADELUUN 2006, Vgl.: S.13)
32 (TANGENS und PADELUUN 2006, Vgl.:)
33 (GRETE 2008, Vgl.:)
34 (TANGENS und PADELUUN 2006, Vgl.: S.14)

Die Oskars der Datenkraken sind wie auch die normalen Oskars in verschiedene Kategorien eingeteilt, nach welchen die Awards vergeben werden[35].

- Arbeitswelt
- Verbraucherschutz
- Gesundheit & Soziales
- Wirtschaft
- Technik
- Kommunikation
- Politik
- Behörden & Verwaltung
- Regional
- Lifetime / Lebenswerk

Abbildung 3.7: Der große Bruder
Urheber des Bildes: http://privacy.org.au/ bba

Das Lebenswerk kann als eine besondere Kategorie verstanden werden, die eine Datenkrake für die in ihrer Existenz erbrachten *negativen Errungenschaften* ehrt. Hier ist wohl der ehemalige deutsche Innenminister Otto Schily besonders hervorzuheben, welcher bisher der Einzige ist, der als Einzelperson einen solchen Award erhalten hat *(Siehe Punkt:B.2 SeiteXVI)*.

Ab 2006 steht im Programm der BigBrotherAward Gala auch der Publikumspreis. Bei diesem darf am Ende aller Nominierungen das anwesende Publikum für die Datenkrake abstimmen, die besonders beeindruckt, erstaunt, erschüttert oder für Empörung gesorgt hat. Auch werden am Ende der Awards Trends des letzten Jahres resümiert und ein Rückblick zu alten Preisträgern gefunden, die nach der Preisverleihung nicht einfach aus dem Blickfeld der Beteiligten, rund um den BigBrotherAward, verschwinden[36].

3.4 Datenschutzfreundliche Technologien

Eine Gesellschaft, in der kein Fortschritt stattfindet, ist zum Stillstand verdammt. Der Lernprozess in einer Gesellschaft passiert zwangsläufig durch die Auswertung von Informationen aus der Vergangenheit, um die Zukunft besser zu gestalten[37]. Der BigBrotherAward will nicht, dass wir den Fortschritt stoppen, sondern er sich in einer verträglichen Verhältnismäßigkeit entwickelt. Deshalb ist das Vorantreiben von datenschutzfreundlichen Technologien ein wichtiges Bestreben der Awards. Sie zeigen in ihren Laudatio-Texten immer auch einen Weg auf, wie die Situation verbessert werden kann *(Siehe Punkt:3.5.4 Seite15)* - wenn nicht eine Sachlage von Grund auf schon zweifelhaft ist *(Siehe Punkt:3.5.2 Seite14)*. Sobald die Daten erst einmal gespeichert sind, sind sie vorhanden und an dieser Stelle muss man ansetzen.

---

35 (FoEBuD 2008a)
36 (Grete 2008, Vgl.:)
37 (Vgl.: S.48 Grunwald 2000, /Armin Grunwald: Technik für die Gesellschaft von morgen,Campus Fachbuch,2000/)

"Das Verfassungsgericht dagegen meint, dass das Problem erst existiert, wenn die Daten weitergegeben werden. Da bin ich ganz anderer Meinung: Die Datensammlung an sich ist die Gefahr."[38]

Deshalb ist der Grundsatz der *Datensparsamkeit* und der *Datenvermeidung* auch im Bundesdatenschutzgesetz §3a verankert. Er hält die Unternehmen dazu an, nur die Daten zu erheben und damit auszuwerten und zu speichern, die auch wirklich zur eigentlichen Erfüllung des kommunizierten Zieles notwendig sind. Hierbei gilt immer die Devise: So wenig personenbezogene Daten wie möglich und so viele personenbezogene Daten wie nötig[39]. Verfolgt man heute die Presse, so kann man an den in der Realität abfolgenden Handlungssträngen gut erkennen, was die Datenschützer rund um den BigBrotherAward seit jeher predigen. *Wo Daten erhoben werden, dort werden auch Daten missbraucht*[40].

"Auf dem Schwarzmarkt für persönliche Daten sind nach Recherchen der Wirtschafts-Woche die Bankverbindungen von 21 Millionen Bundesbürgern im Umlauf. Danach müssen im Extremfall drei von vier Haushalten in Deutschland fürchten, dass Geld von ihrem Girokonto abgebucht wird, ohne dass sie jemals eine Einzugsermächtigung erteilt haben."[41]

Hier ist eine der wichtigsten Forderungen, die größere Unterstützung für den Datenschutzbeauftragten in den Unternehmen, die mit persönlichen Daten von Bürgern arbeiten. Bis weilen erfolgt die Verarbeitung rund um die Verbraucherdaten nämlich praktisch immer ohne juristische Sachkenntnisse. Die Bestellung des Datenschutzbeauftragten muss anhand der Mächtigkeit der persönlichen Daten getroffen werden, die in Unternehmen bearbeitet werden. Dieses ist notwendig, damit ein adäquater Umgang mit den persönlichen Daten der Bürger gewährleistet ist. Hierbei ist ein besonderer Stellenwert der Datenvermeidung und Datensparsamkeit zuzuschreiben und damit verbunden die Anonymisierung und Pseudonymisierung[42].

Die Anonymisierung Nach dem Bundesdatenschutzgesetz §3 Absatz 6 wird eine Anonymisierung dann erreicht, wenn aus den Daten gar nicht mehr, oder nur unter unverhältnismäßig großem Aufwand, auf die Person geschlossen werden kann, auf die die Daten bezogen sind[43].

Die Pseudonymisierung Nach dem Bundesdatenschutzgesetz §3 Absatz 6 wird eine Pseudonymisierung dann erreicht, wenn Namen und andere persönliche Merkmale durch Platzhalter ersetzt werden. Hier soll eine Zuordnung erschwert, aber bei hinreichendem Bedarf auch wieder möglich sein[44].

Wie eingangs beschrieben, soll es nicht darauf hinaus laufen, gar keine Daten mehr zu speichern, nur die individuelle Zuordnung zu bestimmbaren Personen muss verhindert

---

38 (padeluun ONLINE 2008, /Die Zeit: Schon die Datensammlung ist eine Gefahr/)
39 (Vgl.: S.106f SCHWENKE 2006, /Michael Schwenke: Datenschutz und Individualisierung,Vieweg+Teubner,2006/)
40 (TANGENS und PADELUUN 2006, Vgl.: S.170)
41 (WIRTSCHAFTSWOCHE 2008, /WirtschaftsWoche: Kontonummern von 21 Millionen Bürgern illegal im Umlauf/)
42 (FÜR DATENSCHUTZ SCHLESWIG-HOLSTEIN 2007, Vgl.: S.159f)
43 (SCHWENKE 2006, Vgl.: S.99)
44 (SCHWENKE 2006, Vgl.: S.100f)

werden. Nur aus Informationen kann man lernen. Aber wir wollen nicht lernen, was der einzelne genau für Wünsche oder Geheimnisse hat, sondern was der Gesellschaft als ganzes nutzt[45] | [46].

3.5 Einige Beispiele

Um einen unmittelbaren Einblick in die Arbeit und Notwendigkeit der BigBrotherAwards zu bekommen, folgen in diesem Abschnitt einige konkrete Beispiele. Die Grenzen sind hier zwar des öfteren fließend, aber man kann grob diese Arten der Nominierung unterscheiden[47].

- Konkrete Vorfälle
- Neue Gesetze / Regulierungen
- Potentiell gefährliche Strukturen
- Exemplarische Nominierung

3.5.1 Konkrete Vorfälle (DFB WM-Organisationskomitee)

Die Fußball-Weltmeisterschaft 2006 hat fast jeder als positives Ereignis im Gedächtnis. Was aber im Zusammenhang mit den **WM-Tickets** im Hintergrund des Spektakels passierte, war ganz und gar nicht positiv. Für die Verstöße gegen das Personalausweisgesetz, Vorantreiben von Überwachungsstrukturen und die sträfliche Missachtung der Datensparsamkeit und Datenvermeidung erhielt das WM-Organisationskomitee im Jahre 2005 den BigBrotherAward in der Kategorie *Verbraucherschutz*.
Jeder Fußballbegeisterte mit dem Traum, einmal bei einer WM im eigenen Land mit dabei zu sein und der legal an ein Ticket kommen wollte, wurde beim Ausfüllen des Internet-Antrags genötigt, Daten anzugeben, die für den Zweck ganz und gar nicht erforderlich waren. Hierbei sind wohl das Alter im Zusammenhang mit der angehörigen Nationalität und der Nationalität, von der man Fan ist, am meisten fragwürdig. Solche Angaben sind sicher nicht für den Erwerb eines Weltmeisterschaftstickets notwendig, aber von den Sponsoren der FIFA, an die sie nachweislich gingen, sehr begehrt[48]. Hier werden die Fans als Ware verkauft und haben keine Möglichkeit, dagegen anzukommen, außer sich auf dem Schwarzmarkt in die Illegalität zu begeben.
Sehr fragwürdig ist auch die Tatsache, dass damals Innenminister Otto Schily Teil des Organisationskomitee war und trotzdem, mit der Pflichtangabe der Personalausweis- oder Reisepassnummer, gegen §4 Abs.2 des Personalausweisgesetz verstoßen wurde. Hierbei ergeben sich, im Zusammenhang mit dem in jedem Ticket eingebauten RFID Chip, gefährliche Strukturen, mit denen man einzelne Personen bis auf wenige Meter lokalisieren und auch direkt zuordnen kann. So viele Vorteile wie die RFID-Technik in der Logistik von Gütern hat, so viele Nachteile hat sie im Zusammenhang mit dem Menschen. Hier nutzt der Hersteller der RFID Chips und gleichzeitig Sponsor der Weltmeisterschaft Philips ein öffentliches Event, um eine Überwachungstechnik voranzutreiben

45 (SCHWENKE 2006, Vgl.: S.108f)
46 (SCHWENKE 2006, Vgl.: S.122)
47 (TANGENS und PADELUUN 2006, Vgl.: S.14)
48 (GAYCKEN 2008, S. 152f)

und zu etablieren, denn die RFID Lesegeräte werden nach Ende der WM sicher nicht abgebaut werden[49].

3.5.2 Neue Gesetze / Regulierungen (NRW-Innenminister Behrens)

Abbildung 3.8: Wo ist der eigentliche Nutzen von Kameras?
Urheber des Bildes: (GAYCKEN 2008, S. 10)

Im Jahre 2002 ging der BigBrotherAward in der Kategorie *Regional* an den Innenminister des Bundeslandes Nordrhein-Westfalen für das bewusste Betrügen mit Statistiken, um das Polizeigesetz verschärfen zu können.

Konkret wurde eine Studie vorgelegt, die belegen soll, dass in den Jahren 2001 zu 2002 ein Rückgang der Kriminalität durch **Videoüberwachung** erreicht wurde. Die BigBrotherAwards stellten aber richtig fest, dass in den Jahren 1999 zu 2000, also ein Jahr vor der Installation der Videoüberwachung, schon ein Rückgang der Kriminalität von 110 Straftaten auf 6 Straftaten stattfand. Hierbei hatten die Studienverantwortlichen vergessen zu erwähnen, dass der Park im Jahre 2000 aufgrund der Expo-Weltausstellung komplett überarbeitet und das Angebot für Alkohol- und Suchtkranke deutlich verbessert wurde.

Es wurden alte Ruinen entfernt, aufgeräumt, renoviert und neue Beleuchtung installiert. Dieses hatte einen wirklichen signifikanten Rückgang gebracht, wurde aber in der Studie mit keinem Wort erwähnt. Dazu kommt, dass einer der Projektleiter der Studie gleichzeitig ein Verantwortlicher für das Videoüberwachungsprojekt war und die Studie auf einer Fachhochschule für öffentliche Verwaltung entstand, die Polizisten für den gehobenen Dienst ausbildet[50].

Videoüberwachung ist kein Instrument zur Verbrechensverhinderung, sondern ein Instrument zur Überwachung und Grundbaustein einer Gesellschaft, wo sich das einzelne Individuum den Regeln konform verhält, was die Kreativität und die Weiterentwicklung der Gesellschaft verhindert[51].

3.5.3 Potentiell gefährliche Strukturen (Loyalty Partner)

Der erste große Hauptpreis bei den BigBrotherAwards ging in der Kategorie *Verbraucherschutz* im Jahre 2000 an die Unternehmung hinter der **PayBack-Karte**. Loyalty Partner haben unter dem Deckmantel der Rabattkarte eine Möglichkeit gefunden, detaillierte personalisierte Kundenprofile über die Benutzer anzulegen, um diese kommerziell zu vermarkten.

Die Gefährlichkeit liegt in der großen Akzeptanz in der Bevölkerung, welche sich mit unserer heute so offen gelebten *Geiz ist Geil* Mentalität erklären lässt[52]. Bei PayBack

---

49 (GAYCKEN 2008, S. 153ff)
50 (TANGENS und PADELUUN 2006, Vgl.: S.56ff)
51 (GAYCKEN 2008, S. 10)
52 Diese wurde im Zuge der veränderten Bedingungen im Rabattgesetz möglich, die erstmals systematische Rabattvergabe in Form von Programmen und nicht mehr nur Barrabatte vorsah.(Vgl.: S.12f LAUER 2004, /Thomas Lauer: Bonusprogramme,Springer,2004/)

handelt es sich um eine unternehmensübergreifende Rabattkarte, welche allgegenwärtig in unserem täglichen Leben eingesetzt werden kann[53]. Die Kunden erfahren nicht, was eigentlich hinter dem Rabattsystem steckt, denn das ihre Daten gesammelt, verarbeitet, genutzt und weitergegeben werden, wird ihnen so nicht mitgeteilt.

Hier ist eine gefährliche Struktur entstanden, denn um so mehr Unternehmen bei diesem Programm mitmachen, umso häufiger wird die Karte benutzt und umso mehr Daten werden über den Besitzer gespeichert. Es wird nirgendwo genau angegeben, welche Daten nun wer, wo und wie lange speichert. Aber wie auch die BigBrotherAwards damals festgestellt haben, so sucht Loyalty Partner auch heute noch viele Arbeitskräfte im Bereich des Datamining und Data-Warehouse. Dieses legt doch nahe, dass größere Bestrebungen in der Auswertung von personenbezogenen Daten stattfinden[54].

Die Frage ist wohl: Wieviele Kunden das Angebot nutzen würden, wenn sie wüssten, dass sie für 0,5% Rabatt auf ihren Einkauf, ihren kompletten Einkaufszettel angereichert mit persönlichen Daten preisgeben und Unternehmen gestatten, detaillierte Persönlichkeitsprofile über sie anzulegen[55].

3.5.4 Exemplarische Nominierung (Yello Strom GmbH)

Es finden zur Zeit bei allen größeren Energiekonzernen Tests mit einer neuen Generation von Stromzählern statt. Hierbei übernimmt die Yellow Strom GmbH eine Vorreiterrolle und erhält somit dieses Jahr (2008) einen exemplarischen BigBrotherAward für ihre **Digitalstrom-Technik** in der Kategorie *Technik*. Diese wirkt auf den ersten Blick rundum positiv, da die Kunden mehr Transparenz und damit mehr Kontrolle für ihren Stromverbrauch erhalten. Allerdings hat die Medaille zwei Seiten, denn auch das Energieunternehmen bekommt somit mehr Einblick in den Verbrauch.

Die Problemstellung ergibt sich in sofern, da bisher noch keinerlei Gedanken bezüglich des Datenschutz veröffentlicht wurden. Es werden aber durchaus Überlegungen in die andere Richtung vorangetrieben. So wird darüber nachgedacht, in alle elektrischen Geräte Chips zu integrieren, welche das Gerät gegenüber dem Stromzähler identifizieren. Mit solchen Daten kann man nun genaue Analysen fahren, wann ist jemand zu Hause, wie verhält er sich und wann benutzt er welche Geräte.

Durch den enormen Wert solcher Daten wird eine hohe kriminelle Energie erweckt, die in diese Entwicklungen mit einberechnet werden muss. Besonders in solchen Bereichen ist eine starke Betrachtung von datenschutzfreundlichen Technologien *(Siehe Punkt:3.4 Seite11)* anzuraten.

Auch der Bundesrat bemängelte in seiner Stellungnahme zu dem Gesamtkonzept die tiefen Einschnitte in die Privatsphäre der Kunden und damit des Verbraucher- und Datenschutzes. Die BigBrotherAwards haben hier den Anspruch, die Entwicklung einer datenschutzfreundlichen Technik für dieses Gebiet voranzutreiben, denn ab 2010 sollen die digitalen Stromzähler in Deutschlands Neubauten zur Pflicht werden. Sie wollen die Konsumenten warnen, diese Technik vorschnell anzunehmen, bevor nicht eine hinreichende Betrachtung auf Aspekte des Datenschutz getroffen wurde[56].

---

53 AOL, Apollo-Optik, DEA, Galeria Kaufhof, Consors, OBI, UFA, RWE oder REAl um nur einige zu nennen (TANGENS und PADELUUN 2006, Vgl.: S.18)
54 (TANGENS und PADELUUN 2006, Vgl.: S.17ff)
55 (TANGENS und PADELUUN 2006, Vgl.: S.162)
56 (FOEBUD 2008a, Vgl.: Die BigBrotherAwards 2008)

4 Die Auswirkungen in und auf die Realität

In den ersten Jahren der BigBrotherAwards war es noch recht kompliziert der Presse das Thema *Datenschutz* zu vermitteln. Dieser Umstand hat sich zum Glück verändert. Heute ist dieses Thema, auch dank der BigBrotherAwards, sehr ins Blickfeld der Öffentlichkeit geraten. Es rufen fast täglich Journalisten beim Team rund um den Award an und benötigen Informationen, weil sie an einem Artikel oder ähnlichem recherchieren[1].

Angetrieben durch die großen Skandale der letzten Zeit ist ein Umdenken im Bewusstsein der Bevölkerung zu beobachten, welches dazu führt, dass die Bürger öfter Sachverhalte hinterfragen, ob dieses oder jenes wirklich nötig ist und es gibt ein gestiegenes Interesse am Thema Datenschutz. Dieses kann man gut daran erkennen, dass an Veranstaltungen, wie der Demo *"Freiheit statt Angst - Stoppt den Überwachungswahn"*, immer mehr Menschen teilnehmen.

Waren es letztes Jahr (2007) noch um die 15.000, so kamen dieses Jahr (2008) schon um die 100.000 Teilnehmer, die mittlerweile mehr Angst vorm Staat haben, als vor dem propagierten Terrorismus[2].

Abbildung 4.1: Demo *Freiheit statt Angst* in Berlin gegen Datenkraken *Urheber des Bildes:* (KREMPL 2008)

Auch beim Arbeitskreis gegen die Vorratsdatenspeicherung, der vom FeoBuD ins Leben gerufen wurde, kann man das gestiegene Interesse der Bevölkerung beobachten. Hier sind nach Angaben des Arbeitskreises bis zum 31.12.2007 - 34.000 Bürger aktiv geworden und haben Vollmachten als Beschwerdeführer eingereicht. Hierdurch ist eine Verfassungsbeschwerde entstanden[3] und es konnte somit gezielt Druck auf die Bundesregierung ausgeübt werden[4].

Aber auch sonst motivieren die BigBrotherAwards viele Menschen, aktiv und kreativ zu werden. Hier kann man den *Chaos Computer Club (CCC)*[5] besonders hervorheben, dessen Mitglieder oft durch spektakuläre Aktionen die Unsicherheit von digitalen Konstrukten zeigen[6]. In dieser Partnerschaft finden starke Synergieeffekte zwischen dem fachliche KnowHow aller Beteiligten statt[7]. So sind datenschutzrelevante Techniken oft im Fokus des offiziellen Magazins des CCC - der Datenschleuder - wie auch stetig die Verleihungen der BigBrotherAwards thematisiert werden.

---

1 (TANGENS und PADELUUN 2006, Vgl.: S.15)

2 (Vgl.: KREMPL 2008, /Stefan Krempl: Zehntausende demonstrieren für *Freiheit statt Angst,*heise.de,2008/)

3 (Aktenzeichen 1 BvR 256/08 und 1 BvR 508/08)

4 Das Bundesverfassungsgericht hat die Herausgabe der Vorratsdaten temporär eingeschränkt, aber das eigentliche Ziel, an dem nach wie vor gearbeitet wird, ist die Einstellung der *Datenaufnahme,* welche das eigentliche Problem darstellt. (Vgl.: VORRATSDATENSPEICHERUNG 2008, /AK Vorratsdatenspeicherung: Stoppt die Vorratsdatenspeicherung,FoeBuD e.V.,2008/)

5 http://www.ccc.de

6 Es wird nicht nur vor Missbrauch gewarnt, sondern die Schwachstellen gezielt offen gelegt und somit zur Abschaffung dieser aufgerufen

7 Der FoeBuD wird gerne als kleine Außenstelle des CCC betrachtet

Nun folgen zwei kreative Projekte, die vom FoeBuD im Zuge der BigBrotherAwards initiiert wurden und gut den Bezug zur Realität verdeutlichen.

Privacy-Card Diese entstand im Zusammenhang des Award-Gewinners Loyalty Partner und ihrer PayBack-Karte *(Siehe Punkt:3.5.3 Seite14)*. Die Idee entstand auf einem FoeBuD-Treffen und beinhaltete die Beantragung einer PayBack-Karte um danach deren Partnernummer[8] identisch dutzende Male zu kopieren und unter den Unterstützern zu verteilen. So konnte jeder, der das Projekt unterstützen wollte, mit dieser Karte nach dem Einkauf Punkte sammeln und diese dadurch dem FoeBuD spenden. Ein gezieltes Auswerten der Verkaufsdaten war nicht mehr möglich, da unter einem Kundenkonto ca. 2000 Mitstreiter Punkte sammelten[9].

RFID-Abwehr Dieses Projekt entstand im Zusammenhang mit dem Award für die Metro AG und ihrem FutureStore. In diesem enthalten alle Waren RFID-Chips und diese können von jedem RFID-Scanner, auch nach dem Kauf, unsichtbar ausgelesen werden. Dazu kommt, dass die PayBack-Karte dieses Shops auch einen RFID Chip enthält und somit zum Peilsender für den einzelnen Kunden wird[10]. Hier entwickelte der FoeBuD verschiedene Hilfsmittel, die helfen, der im direkten Zusammenhang mit dem Menschen gefährlichen Technik, vorzubeugen. Einerseits Schutzhüllen und Folien, die zum Beispiel auch die Daten im RFID-Chip des neuen ePass vor dem Auslesen schützen und auf der anderen Seite ein RFID-Scanner-Detektor-Armreif. Dieser Armreif wird durch das RFID-Scanner-Induktionsfeld mit Energie versorgt[11]. Er leitet diese aber nicht in einen Chip weiter, sondern in eine LED, welche durch rotes Leuchten die Anwesenheit eines RFID-Scanners signalisiert[12].

Dies sind nur einige Beispiele im Zusammenhang mit den BigBrotherAwards, aber auch sonst entwickelt der FoeBuD viele nützliche Gadgets, die im alltäglichen Leben vor den Fängen der Datenkraken schützen[13].

Aber die wichtigste Entwicklung, die gerade durch das starke Engagement der Beteiligten vorangetrieben wurde, ist, dass die Unternehmen inzwischen den BigBrotherAward und vor allem das Thema Datenschutz ernst nehmen. Wurde der Award früher noch belächelt und auf die leichte Schulter genommen, erlauben sich dies heutzutage nur noch wenige Firmen. Die Liste der Unternehmen, die den Preis entgegengenommen haben ist zwar noch sehr gering, aber es ist eine positive Tendenz zu erkennen.
Als erstes Unternehmen nahm Microsoft 2002 den Preis durch ihren Datenschutzbeauftragten entgegen. Dieses geschah damals noch mehr aus öffentlichkeitswirksamen Gründen, denn man versuchte sich primär zu rechtfertigen und seinen Standpunkt zu erklären. Damals war Microsoft nämlich noch einer der bedeutsamsten Unterstützer des

---

8 Beim Beantragen einer PayBack-Karte erhält man immer zwei, eine zweite für einen Freund zum mitsammeln auf das gleiche Konto
9 (TANGENS und PADELUUN 2006, Vg.: S.23ff)
10 (TANGENS und PADELUUN 2006, Vg.: S.79ff)
11 Dieses geschieht im Bereich von 13,56 MHz und die Bauteile des Armreif sind Kupferdraht, ein Kondensator und eine LED
12 (Vgl.: FOEBUD 2008b, /FoeBuD: Verein zur Förderung des öffentlichen bewegten und unbewegten Datenverkehrs e.V,FoeBuD e.V.,2008/)
13 Das neuste Projekt ist der PrivacyDongle, der ein Firefoxe3 mit vorkonfigurierten TOR enthält und verschiedenen Plugins, die für ein fast anonymes surfen sorgen (Vgl.: FOEBUD 2008b, /Shop/)

"Datenschutzes durch Selbstregulierung der Wirtschaft"[14], aber für den Bekanntheits-
grad der BigBrotherAwards und damit die öffentliche Aufklärung, war der persönliche
Auftritt von Microsofts Datenschutzbeauftragten trotzdem eine gute Sache.

Die gleiche Intension verfolgte wohl auch ein anderer Großkon-
zern, der dieses Jahr (2008) den BigBrotherAward durch seinen Datenschutzbeauftragten entgegennahm. Die Telekom hat dieses Jahr
gleich gegen mehrere Gesetze verstoßen und den Datenschutz und
das Vertrauen der Bevölkerung zum Eigennutz mit Füßen getreten[15].

*"Doch auf einer übergeordneten Ebene sind die Details nachran-
gig. Denn es geht bei diesem Skandal um ganz Grundsätzliches:
Hier hat ein Konzern, der per Gesetz verpflichtet ist das Telekom-
munikationsgeheimnis zu wahren, dieses aus purem Eigeninter-
esse gebrochen. Dies muss jedem Bürger vor dem Hintergrund
der vom Bundestag beschlossenen Vorratsdatenspeicherung An-
lass zu größter Sorge geben."[16]*

Aber es gibt auch Unternehmen, die den Grund des BigBrotherAward
besser verstanden haben und zeigen, dass sie etwas an der Situation geändert haben. PTV ist als dritte Firma, die den BigBrotherA-
ward entgegengenommen hat, zu nennen. Sie haben ihn zwar erst
mit einem Jahr Verzögerung in Heidelberg von padeluun in Empfang
genommen, ändern inzwischen aber etwas an dem angeprangerten
Umstand und wollen den Preis in ihrer Eingangshalle als Warnung
aufstellen. Sie erhielten den Award im Jahre 2007 in der Kategorie
Abbildung 4.2:
Werde ich abge-
hört?
Urheber des
Bildes: http://
bigbrotherawards.
at/images/
abhoeren.gif

Technik, für ihr damaliges Produkt *Pay as you Drive*. Das Konzept zeichnet Fahrtrouten
und Fahrverhalten auf, vergleicht sie mit Kartendaten und leitet diese an die Versiche-
rungszentrale weiter, welche schauen kann, ob eine Selbstbeschränkung eingehalten
wurde. Die Problematik, die das BigBrotherAward Team sah, war, dass die Daten zen-
tral von der Versicherung verarbeitet werden und sich Behörden und andere Bedürftige
jederzeit an ihnen bedienen können. Es stellt einen Irrglauben dar, dass die Daten nicht
auch zu anderen Zwecken missbraucht werden. Das kann man auch an der Begehrlich-
keit sehen, die nach der Einführung des LKW-Maut Systems entstand[17].

PTV hat den BigBrotherAward als Anregung gesehen, an der bisherigen Technik zu arbeiten und sie versuchen, im Bereich Datenschutz dazuzulernen. Die alte Technik wird
nicht mehr benutzt, sondern die Daten werden nun lokal ausgewertet und nicht mehr zu-
erst an Versicherung geschickt. Es gehen jetzt aggregierte Daten an die Versicherung,
mit denen Behörden und andere Interessierte nichts mehr anfangen können[18].

---

14 (Vgl.: PRESSEMITTEILUNG 2005, /PRESSEMITTEILUNG: Ein Riese bewegt sich beim Daten-
    schutz,Unabhängigen Landeszentrum für Datenschutz Schleswig-Holstein,2005/)

15 (FOEBUD 2008a, Vgl.: BigBrotherAwards 2008)

16 (FOEBUD 2008a, Fredrik Roggan: BigBrotherAwards 2008)

17 (FOEBUD 2008a, Vgl.: BigBrotherAwards 2002)

18 (Vgl.: BORCHERS 2008, /Detlef Borchers: Big Brother kommt an,heise.de,2008/)

5 Fazit

Die Entwicklung der Menschheit ist nicht festgeschrieben und wir als Gesellschaft haben es selber in der Hand, zu entscheiden wo unser Weg hinführt.

"Je mehr Bürgerinnen und Bürger mit Zivilcourage ein Land hat, desto weniger Helden wird es einmal brauchen"[1]

Hierbei nehmen die BigBrotherAwards einen wichtigen Stellenwert ein, denn sie unterstützen durch ihre Arbeit aktiv eine freiheitlich orientierte Entwicklung. Die Frage ist doch, ob wir es schaffen, uns von dem Gedanken zu trennen alles kontrollieren zu wollen[2]. Es ist schon physikalisch unmöglich alles zu wissen. Nach den Gesetzen der Quantenphysik gibt es immer eine gewisse Ungenauigkeit, die durch die Wahrscheinlichkeit geprägt ist. Aber die Wahrscheinlichkeit wird selber wieder durch unser Handeln beeinflusst[3].

Wenn es also vom Grundsatz der Naturgesetze nicht möglich ist, alles unter Kontrolle zu haben und immer alles zu wissen, wieso sollten wir als Menschheit versuchen, dieses in unsere Gesetze zu integrieren? Wobei sich auch die Frage stellt, wer diese Terroristen sind, mit denen der Staat alle Einschränkungen der Privatsphäre seiner Bürger begründet[4]? Es bleibt ein fader Nachgeschmack und die Erkenntnis, die auch als *"Selbsterfüllende Prophezeiung"*[5] betitelt werden kann. Durch die Handlung, die das Problem eigentlich verhindern soll, wird es erst begünstigt - eine Gesellschaft die mit Zwang nach Verbrechern sucht, wird diese auch finden.

Unsere Gesellschaft ist bei weitem nicht perfekt und wir sind in einer ständigen Entwicklung. Menschen, die gestern noch als Querdenker angesehen wurden, sind heute Genies. Menschengruppen, die gestern noch verachtet wurden, sind heute akzeptiert[6]. Dieses beeinflusst im allgemeinen die Qualität des zwischenmenschlichen Miteinander positiv und fördert auch den Fortschritt.

"Überwachung ist [...] nur sekundär als Aufklärungsinstrument zu verstehen. In erster Linie ist eine umfassende Überwachung die Grundvoraussetzung einer Gesellschaft, in der sich der Einzelne allen Regeln gegenüber konform verhält"[7]

Dort wo allerdings Querdenken und Kreativität eingeschränkt wird, ist eine Weiterentwicklung der Gesellschaft kaum möglich. Hier passieren Verhaltensänderungen und Anpassungen, um nicht aufzufallen. Man kann dies teilweise mit übermutterten Kindern vergleichen, die keine eigenen Werturteile mehr haben[8].

---

1 (S.5 TANGENS und PADELUUN 2006, /Franca Magnani/)
2 (Vgl.: S.34ff SCHOLTZ und TRAPPE 2003, /Dieter Schneider: Der mühsame Weg zu vernünftigen Entscheidungen unter Unsicherheit,Königshausen & Neumann,2003/)
3 (Vgl.: S.119ff GREENE 2006, /Brian Greene: Der Stoff, aus dem der Kosmos ist,Siedler Verlag,2006/)
4 für Japan sind Greenpeace zum Beispiel Terroristen
5 (Vgl.: S.105ff LARSEN und ZIMMERMANN 2003, /Jan Erik Karlsen: Die sich Selbsterfüllende Prophezeiung,VS Verlag für Sozialwissenschaften,2003/)
6 Hier sei zum Beispiel die Schwulenbewegung erwähnt
7 (S. 14 FINN 2008, /Julian Finn: Was habe ich eigentlich zu verbergen?,Die Datenschleuder,2008/)
8 (GAYCKEN 2008, Vgl.: S.9f)

Auf der anderen Seite beschreitet nicht nur der Staat eine gefährliche Entwicklung, sondern auch die Wirtschaft. Hierbei ist es gut, jemanden zu haben, der einen jährlich wieder auf die Gefahren unserer rasch wachsenden Welt hinweist.

Die BigBrotherAwards holen die Datenkraken aus dem trüben Nebel ins Licht und zeigen allgemein verständlich, was hinter manch gut aussehendem Geschäftsgebaren steckt. Vielleicht können sie so über kurz oder lang die Menschen so weit aufklären, dass man nicht mehr leichtfertig alles über sich preisgibt und damit den Überblick über seine Daten verliert. Mit informationeller Selbstbestimmung haben heutige Praktiken wenig zu tun.

Abbildung 5.1: Weißt du, wer alles deine Daten hat ?
Urheber des Bildes: (FOEBUD *2008a)*

An dieser Stelle kann man den Datenschutz sehr gut mit dem Umweltschutz vergleichen. Früher wurde der Umweltschutz auch belächelt. Es galt als normal, dass die Umwelt verschmutzt wird, damit die Industrie wachsen kann. Heute wird der Umweltschutz allmählich als Grundlage für eine langfristig stabile Lebenssicherung auf unserem Planeten begriffen. Beim Datenschutz ist es so ähnlich. Viele Menschen denken, es ist unvermeidlich, dass wir auf unsere Privatsphäre verzichten müssen, wenn wir den technologischen Vorschritt genießen wollen[9]. Hier muss ein Umdenken stattfinden und ein Weg in datenschutzfreundliche Technologien eingeschlagen werden.

---

9 (TANGENS und PADELUUN 2006, Vgl.: S.172f)

Literaturverzeichnis

Bücher

[BENZ 2001] BENZ, ARTHUR (2001). *Der moderne Staat. Grundlagen der politologischen Analyse*. Oldenbourg Verlag. ISBN: 3-48623-636-9.

[BUCHNER 2006] BUCHNER, BENEDIKT (2006). *Informationelle Selbstbestimmung im Privatrecht*. Mohr Siebeck. ISBN: 3-16149-003-7.

[FÜR DATENSCHUTZ SCHLESWIG-HOLSTEIN 2007] DATENSCHUTZ SCHLESWIG-HOLSTEIN, UNABHÄNGIGES LANDESZENTRUM FÜR (2007). *Erhöhung des Datenschutzniveaus zugunsten der Verbraucher*. Unabhängiges Landeszentrum für Datenschutz Schleswig-Holstein. ISBN: 3-00021-082-2.

[FLEISCH 2001] FLEISCH, ELGAR (2001). *Das Netzwerkunternehmen*. Springer Verlag. ISBN: 3-54041-154-2.

[GREENE 2006] GREENE, BRIAN (2006). *Der Stoff, aus dem der Kosmos ist*. Siedler Verlag. ISBN: 3-57055-002-8.

[GRUNWALD 2000] GRUNWALD, ARMIN (2000). *Technik für die Gesellschaft von morgen*. Campus Fachbuch. ISBN: 3-59336-750-5.

[HANSJÖRG und HEINE 1999] HANSJÖRG und M. HEINE (1999). *Volkswirtschaftslehre*. Oldenbourg Verlag. ISBN: 3-48624-868-5.

[JASCHKE 2002] JASCHKE, HANS-GERD (2002). *Öffentliche Sicherheit im Kulturkonflikt*. Campus Verlag. ISBN: 3-59335-726-7.

[KEMPER und EICKLER 2006] KEMPER, ALFONS und A. EICKLER (2006). *Datenbanksysteme: Eine Einführung*. Oldenbourg Verlag. ISBN: 3-48657-690-9.

[LARSEN und ZIMMERMANN 2003] LARSEN, STEIN UGELVIK und E. ZIMMERMANN (2003). *Theorien und Methoden in den Sozialwissenschaften*. VS Verlag für Sozialwissenschaften. ISBN: 3-53113-995-9.

[LAUER 2004] LAUER, THOMAS (2004). *Bonusprogramme: Rabattsysteme für Kunden erfolgreich gestalten*. Springer Verlag. ISBN: 3-54020-241-2.

[MÖSTL 2002] MÖSTL, MARKUS (2002). *Die staatliche Garantie für die öffentliche Sicherheit und Ordnung*. Mohr Siebeck Gmbh & Co. K. ISBN: 3-16147-828-2.

[ORWELL 1949] ORWELL, GEORGE (1949). *Nineteen Eighty-Four*. Harcourt, Brace & Co., New York. ASIN: B0000EEBYP.

[SCHOLTZ und TRAPPE 2003] SCHOLTZ, GUNTER und T. TRAPPE (2003). *Sicherheit, Grundproblem moderner Gesellschaften*. Königshausen & Neumann. ISBN: 3-82602-505-9.

[SCHWENKE 2006] SCHWENKE, MICHAEL (2006). *Datenschutz und Individualisierung*. Vieweg+Teubner. ISBN: 3-83500-394-1.

[SINGELNSTEIN und STOLLE 2007] SINGELNSTEIN, TOBIAS und P. STOLLE (2007). *Die Sicherheitsgesellschaft: Soziale Kontrolle im 21. Jahrhundert*. Vs Verlag. ISBN: 3-53115-478-8.

[TANGENS und PADELUUN 2006] TANGENS, RENA und PADELUUN (2006). *Schwarzbuch Datenschutz - Ausgezeichnete Datenkraken der BigBrotherAwards*. Verlag Lutz Schulenburg. ISBN: 3-89401-494-6.

[WETZEL 2007] WETZEL, JONAS (2007). *Angst und Gesellschaft. Ursachen, Erscheinungsformen und Verhalten*. GRIN Verlag. ISBN: 3-63871-757-7.

Artikel

[CONTRASTE 2008] CONTRASTE (2008). *Datenkraken auf der Lauer*. Monatszeitung für Selbstorganisation. ISSN: 0178-5737.

[FINN 2008] FINN, JULIAN (2008). *Was habe ich eigentlich zu verbergen?*. die datenschleuder. ISSN: 0930-1054.

[GAYCKEN 2008] GAYCKEN, SANDRO (2008). *Warum eigentlich nicht?*. die datenschleuder. ISSN: 0930-1054.

[HENRIETTE HIEBIG 2000] HIEBIG HENRIETTE (2000). *CRM und Data Mining – ein Überblick*. die datenschleuder. ISSN: 0930-1045.

[ROSA 2008] ROSA, HARTMUT (2008). *Im Wirbel der Beschleunigungsspirale*. Spektrum der Wissenschaft.

Vorträge

[WEICHERT 2004] WEICHERT, DR. THILO (2004). *Technik, Terror, Transparenz - Stimmen Orwells Visionen?*. In: *ULD-Vorträge*. Unabhaengiges Landeszentrum für Datenschutz, https://www.datenschutzzentrum.de/vortraege/041118_weichert_dafta.htm.

Sendungen - Fernsehen

[KONTROVERS 2006] KONTROVERS, STADTGESPRÄCH (2006). *Vorratsdatenspeicherung im Fernsehen*. http://video.google.com/videoplay?docid=9113087891251846504. Stadtgespräch Kontrovers vom 7.12.08 - Zitate sind O-Ton.

[PANORAMA 2008] PANORAMA (2008). *Sinnlose Hausdurchsuchungen - Die Schnellschüsse der Justiz*. http://daserste.ndr.de/panorama/archiv/2008/erste630.pdf. Panorama Nr. 693 - Zitate sind O-Ton.

Pressemitteilungen

[PRESSEMITTEILUNG 2005] PRESSEMITTEILUNG (2005). *Ein Riese bewegt sich beim Datenschutz*. https://www.datenschutzzentrum.de/material/themen/presse/20051212-microsoft.htm.

Artikel - Internet

[BORCHERS 2008] BORCHERS, DETLEF (2008). Big Brother kommt an http://www.heise.de/newsticker/Big-Brother-kommt-an--/meldung/109277. zuletzt abgerufen am 14.12.08.

[FERNSEHEN 2007] FERNSEHEN, ZWEITES DEUTSCHES (2007). Europarat: Terror-Liste verletzt Menschenrechte http://www.heute.de/ZDFheute/inhalt/18/0,3672,7124018,00.html. zuletzt abgerufen am 05.12.08.

[GRETE 2008] GRETE, PATRICK (2008). Die Big-Brother-Awards 2008 http://www.solon-line.de/big-brother-awards-2008.html. zuletzt abgerufen am 13.11.08.

[KREMPL 2008] KREMPL, STEFAN (2008). Zehntausende demonstrieren für *Freiheit statt Angst* http://www.heise.de/newsticker/Zehntausende-demonstrieren-fuer-Freiheit-statt-Angst--/meldung/117237. zuletzt abgerufen am 12.12.08.

[ONLINE 2008] ONLINE, ZEIT (2008). Schon die Datensammlung ist eine Gefahr http://www.zeit.de/online/2008/13/vorratsdaten-padeluun-interview. zuletzt abgerufen am 07.12.08.

[RADEMAKER 2008] RADEMAKER, MAIKE (2008). Grüne fordern Datenschutz in Verfassung http://www.ftd.de/politik/deutschland/401307.html. zuletzt abgerufen am 28.11.08.

[WIRTSCHAFTSWOCHE 2008] WIRTSCHAFTSWOCHE (2008). Kontonummern von 21 Millionen Bürgern illegal im Umlauf http://www.wiwo.de/unternehmer-maerkte/kontonummern-von-21-millionen-buergern-illegal-im-umlauf-380382. zuletzt abgerufen am 20.11.08.

[ZEITUNG 2008] ZEITUNG, SÜDDEUTSCHE (2008). Was nicht passt, wird passend gemacht http://www.sueddeutsche.de/politik/718/390511/text. zuletzt abgerufen am 27.11.08.

Internetquellen

[FOEBUD 2008a] FOEBUD (2008a). Die Oscars für Datenkrakenn http://www.bigbrotherawards.de. zuletzt abgerufen am 15.12.08.

[FOEBUD 2008b] FOEBUD (2008b). Verein zur Förderung des öffentlichen bewegten und unbewegten Datenverkehrs e.V http://www.foebud.org. zuletzt abgerufen am 13.12.08.

[FOUNDATION 2008] FOUNDATION, WIKIMEDIA (2008). Benjamin Franklin http://de. wikiquote.org/wiki/Benjamin_Franklin. zuletzt abgerufen am 20.11.08.

[INTERNATIONAL 2008] INTERNATIONAL, PRIVACY (2008). Big Brother Awards International http://www.bigbrotherawards.org. zuletzt abgerufen am 06.12.08.

[PADELUUN 2004] PADELUUN, RENA TANGENS / (2004). Informationen sind schnell - Wahrheit braucht Zeit http://www.padeluun.de/TEXTE/20jahregesamtwerk.html. zuletzt abgerufen am 05.12.08.

[QUINTESSENZ 2008] QUINTESSENZ (2008). Stoppt die Überwachungslawine http:// www.bigbrotherawards.at. zuletzt abgerufen am 13.11.08.

[VORRATSDATENSPEICHERUNG 2008] VORRATSDATENSPEICHERUNG, AK (2008). Stoppt die Vorratsdatenspeicherung http://www.vorratsdatenspeicherung.de. zuletzt abgerufen am 12.12.08.

[ZAKON 2006] ZAKON, ROBERT H (2006). Internet growth http://www.zakon.org/robert/ internet/timeline. zuletzt abgerufen am 14.11.08.

Verzeichnis der Anhänge

A Abbildungen zur weiteren Illustration

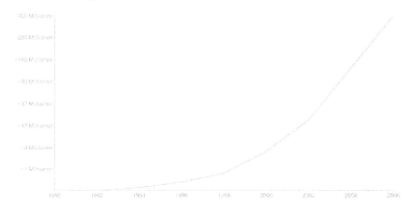

Abbildung A.1: Das Wachstum des Internets: Wird ausgedrückt durch die Anzahl Computer mit registrierter IP Adresse.
Quelle der Daten: Robert H Zakon (ZAKON 2006, Robert H Zakon:Internet growth,2006)

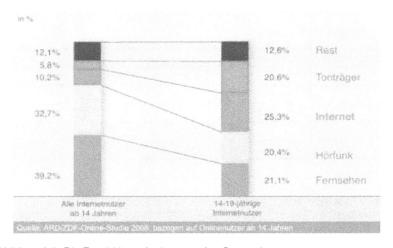

Abbildung A.2: Die Entwicklung der kommenden Generation
Urheber des Bildes: ARD/ZDF-Online-Studio 2008

Abbildung A.3: Wo ist die Privatsphäre?
Urheber des Bildes:
http:// www.claybennett.com/ pages/ holiday_travel.html

Abbildung A.4: Der Zwiespalt
Urheber des Bildes:
http:// www.claybennett.com/ pages/ domestic_security.html

Abbildung A.5: Spiegelt das Recht auf Privatsphäre in jeweiligen Nationen 2006 wieder
Urheber des Bildes:
http://www.privacyinternational.org/article.shtml?cmd[347]=x-347-545269 US-based Electronic
Privacy Information Center and the UK-based Privacy International

Tabelle A.1: Legende der Privacy Ranking Map 2006

Konsequente Verteidigung von Menschenrechten
Ausreichende Garantien gegen Missbrauch
einige Sicherheiten, aber geschwächter Schutz
Systematisches Scheitern von Schutzmaßnahmen
umfangreiche Überwachungsgesellschaft
endemische Überwachungsgesellschaft

Map of Surveillance Societies around the world

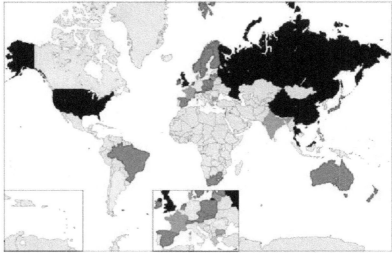

Abbildung A.6: Spiegelt das Recht auf Privatsphäre in jeweiligen Nationen 2007 wieder
Urheber des Bildes:
http:// www.privacyinternational.org/ article.shtml?cmd[347]=x-347-559597 US-based Electronic *Privacy Information Center and the UK-based Privacy International*

Tabelle A.2: Legende der Privacy Ranking Map 2007

Konsequente Verteidigung von Menschenrechten
wirksame Schutzvorkehrungen und Garantien
Ausreichende Garantien gegen Missbrauch
einige Sicherheiten, aber geschwächter Schutz
Systematisches Scheitern von Schutzmaßnahmen
umfangreiche Überwachungsgesellschaft
endemische Überwachungsgesellschaft

B Die Empfänger des BigBrotherAwarts

B.1 2000 - 2002

Tabelle B.1: Empfänger des BigBrotherAwarts 2000 - 2003

Jahr	Kategorie	Einrichtung & Person
2000	Behörden&Verwaltung	Hartmut Mehdorn
2000	Business&Finanzen	Loyalty Partner
2000	Kommunikation	Global Message Exchange (GMX)
2000	Lifetime-Award	Bundesverwaltungsamt
2000	Politik	Eckart Werthebach
2000	Regional	Stadtwerke Bielefeld
2000	Technik	Apache Consortium
2001	Arbeitswelt	ProtectCom
2001	Business&Finanzen	Informa Unternehmensberatung GmbH
2001	Kommunikation	Werner Müller
2001	Politik	Otto Schily
2001	Regionalpreis	Hans-Ehrenberg-Gymnasium
2001	Technik	RealNetworks
2002	Arbeitswelt	Bayer AG
2002	Behörden&Verwaltung	Bundeskriminalamt
2002	Kommunikation	Deutscher Bundesrat
2002	Lifetime-Award	Microsoft
2002	Politik	Volker Bouffier, Innenminister Hessen
2002	Regionalpreis	Fritz Behrens
2002	Technik	Toll Collect GmbH
2002	Verbraucherschutz	Deutsche Post AG

Für nähere Angabe der Gründe ⇒ http://www.bigbrotherawards.de

B.2 2003 - 2005

Tabelle B.2: Empfänger des BigBrotherAwarts 2004 - 2006

Jahr	Kategorie	Einrichtung & Person
2003	Arbeitswelt	Deutsche Post-Shop-GmbH
2003	Behörden&Verwaltung	Regierung der USA
2003	Kommunikation	T-Online AG
2003	Lifetime-Award	Gebühreneinzugszentrale (GEZ)
2003	Politik	Bundesländer Bayern, Niedersachsen, Rheinland-Pfalz und Thüringen
2003	Regionalpreis	Dr. Ehrhart Körting, Innensenator Berlin
2003	Verbraucherschutz	Future Store Iniative, Metro AG
2004	Arbeitswelt	Lidl Stiftung & Co. KG
2004	Behörden&Verwaltung	Bundesagentur für Arbeit in Nürnberg
2004	Gesundheit&Soziales	Bundesgesundheitsministerin Ulla Schmidt
2004	Kommunikation	Armex GmbH
2004	Politik	Bundesjustizministerin Brigitte Zypries
2004	Regionalpreis	Universität Paderborn
2004	Technik	Canon Deutschland GmbH
2004	Wirtschaft&Verbraucherschutz	Tchibo direct GmbH
2005	Behörden&Verwaltung	Landesregierung Niedersachsen
2005	Kommunikation	Generalstaatsanwalt Schleswig-Holstein, Erhard Rex
2005	Lifetime-Award	Otto Schily
2005	Politik	Innenminister Hessen, Volker Bouffier
2005	Regionalpreis	Grundschule Ennigloh
2005	Technik	Videoüberwachung allerorten
2005	Verbraucherschutz	WM-Organisationskomitee des DFB
2005	Wirtschaft	Saatgut-Treuhandverwaltungs-GmbH

Für nähere Angabe der Gründe ⇒ http://www.bigbrotherawards.de

B.3 2006 - 2008

Tabelle B.3: Empfänger des BigBrotherAwarts 2007 - 2008

Jahr	Kategorie	Einrichtung & Person
2006	Behörden& Verwaltung	Kultusministerkonferenz der Länder
2006	Politik	Landtag Mecklenburg-Vorpommern
2006	Politik	Bundes-Innenministerkonferenz
2006	Technik	Philips GmbH
2006	Verbraucherschutz	Gesamtverband der Deutschen Versicherungswirtschaft
2006	Wirtschaft	Society for Worldwide Interbank Communication, SWIFT
2007	Arbeitswelt	Novartis Pharma GmbH
2007	Außer Konkurrenz	Wolfgang Schäuble
2007	Behörden&Verwaltung	Generalbundesanwältin Monika Harms
2007	Kommunikation	Bundesjustizministerin Brigitte Zypries
2007	Politik	Bundesfinanzminister Peer Steinbrück
2007	Regionalpreis	Behörde für Bildung und Sport der Freien und Hansestadt Hamburg
2007	Technik	PTV Planung Transport Verkehr AG
2007	Verbraucherschutz	internationale Hotelketten in Deutschland - Marriott, Hyatt und Intercontinental (stellvertretend für viele weitere)
2007	Wirtschaft	Deutsche Bahn AG
2008	Europa/EU	Rat der Europäischen Union (EU-Ministerrat) in Brüssel
2008	Gesundheit&Soziales	Deutsche Angestellten-Krankenkasse
2008	Verbraucherschutz	Mitglieder des 16. Deutschen Bundestages
2008	Arbeitswelt& Kommuni-kation	Deutsche Telekom AG
2008	Technik	Yello Strom GmbH
2008	Politik	Bundesministerium für Wirtschaft und Technologie
2008	Verbraucherschutz	Arbeitskreis Deutscher Markt- und Sozialforschungsinstitute e.V.

Für nähere Angabe der Gründe ⇒ http://www.bigbrotherawards.de